Les Plus Jolies Histoires des animaux

Illustrations
Valérie Briggs, Ray Cresswell, Debbie Richardson, David Thelwell

Textes
Daniela Feix-Mag, Gisela Fischer, Edith Jentner, Elker Meinardus, Ursula Muhr

Traduit de l'allemand par Arel, traducteurs associés, Montpellier

Le petit lapin

« Aujourd'hui, je rendrai visite à mes amis ! », se dit le petit lapin et il courut aussitôt jusqu'à l'étang. « Bonjour, Madame », dit-il à la cane. « Depuis quand vos petits canetons sont-ils nés ?

Comme ils sont mignons ! » La maman canard se promène très fière au milieu d'eux. « Oh, oui ! », cancane-t-elle, « tous les cinq sont vraiment très gentils ! » C'est ce que pense la grenouille aussi. Seule la mésange des marais ne dit rien. Elle est trop occupée à nourrir ses petits et elle n'a pas de temps à perdre.

« Il faut que je raconte cela à mon amie, madame Hérisson », pense le petit lapin, et il saute en direction d'un coin du jardin. Mais là, quel n'est pas son étonnement ! Maman Hérisson n'est pas toute seule, il y a aussi quatre petites pelotes d'épingles qui gigotent. Intrigués, les petits hérissons flairent le lapin.

« Pas de panique, je ne vous ferai pas de mal ! », s'exclame le petit lapin. Leurs museaux tremblent d'excitation. Est-ce que monsieur Faisan a aussi sa famille dans cette haie ? Et les gros bourdons ? Ils doivent être certainement en train de ramasser du nectar de fleurs pour leurs petits.

« Je voudrais bien savoir si la forêt abrite aussi d'autres bébés animaux », dit le petit lapin au papillon jaune qui volette devant lui.
Et soudain, le petit lapin s'arrête tout étonné devant un faon.
« Qui es-tu donc ? Je ne t'ai encore jamais vu ! »

« C'est normal, c'est qu'il vient tout juste de naître ! », lui explique la biche. Le faon bâille et voudrait dormir. A ce moment-là, les écureuils appellent le lapin : « Viens donc jouer avec nous ! ». Et ils grimpent à travers les branches. Mais le lapin secoue la tête, car il est pressé.

Il se faufile rapidement en direction des champs, toujours à la recherche de ceux qui ont bien pu mettre des petits au monde. En tout cas, pas les mulots, car ils commencent à peine à construire leur nid de broussailles. Mais on dirait que la terre bouge ? Le petit lapin s'assoit tout immobile et attend.

Les souris aussi voudraient savoir ce qui va sortir du sol. Enfin ! Une taupe sort la tête en clignant des yeux à cause de la lumière du jour. « Bonjour, est-ce que tu as eu aussi des petits toi aussi ? », lui demande le petit lapin. Mais voilà la taupe à nouveau disparue. Il y a beaucoup trop de lumière pour elle.

Enfin, le petit lapin se dirige en sautillant vers le pré. De loin déjà, il voit qu'un petit agneau fait de petits sauts.
Comme il est content ! « Allons, faisons la course ! », bêle l'agneau. Maman brebis et le cheval hochent la tête, tout étonnés.

Qui va donc gagner la course ? « C'est l'agneau ! », s'écrie le chat, assis sur la barrière. « Mais non, c'est le petit lapin qui va gagner ! », cancanent les canards tout excités. Vroupp ! Les voilà partis comme des flèches. L'agneau a de plus longues pattes, mais le petit lapin, en revanche, bondit bien mieux.

Très fatigué, le petit lapin retourne aux côtés de sa mère. Mais que de choses il a à raconter !
Partout, il a rencontré de jeunes animaux. Et il a même fait une course avec un petit agneau. Et vu sa mine ravie, il a certainement dû gagner cette course !

La petite marmotte

« Marco, lève-toi ! » s'écrient Elsa, sa petite sœur, et Tobie, son petit frère. Tout endormi, le petit chien regarde l'heure. « Déjà huit heures moins le quart ? Une fois encore, j'ai raté le réveil ! »

Comme une flèche, Marco s'habille et jette son cartable sur ses épaules. Dans la cuisine, il prend son goûter au passage. « Tu dois encore prendre ton petit-déjeuner ! Bois au moins ton chocolat chaud ! » – « Je n'ai pas le temps », répond Marco en se précipitant dehors.

Aussi vite qu'il peut, il dépasse les passants, mais il est déjà trop tard.
L'horloge de l'école indique huit heures cinq.
« Oh là là ! Espérons que la maîtresse ne sera pas trop en colère ! », pense Marco, et il en a déjà l'estomac tout noué.

« Bonjour, Madame Renard », marmonne Marco, tout essoufflé. « Je ne me suis pas réveillé à temps ! »
La maîtresse regarde sévèrement vers l'horloge. « Cela fait déjà la troisième fois que tu es en retard ! Je commence mes cours à huit heures précises, et tu dois être là ! »

« Tu seras en retenue pendant une heure aujourd'hui, afin que cela te serve de leçon ! »
Tout triste, Marco s'assoit. Il voulait s'amuser avec ses amis, cet après-midi. « Marmotte ! Marmotte ! », se moquent ses camarades, et Marco commence à pleurer.

A midi, les enfants rentrent chez eux et seul Marco reste en classe. « Écris ce que tu dois faire afin d'être à l'heure à l'école, allez ! », lui demande la maîtresse. Marco réfléchit longtemps. Soudain, il le sait ! Il sait ce qu'il doit faire et l'écrit. Puis durant l'après-midi, il va visiter certaines personnes.

Le soir, avant d'aller se coucher, il remonte tous les réveils. Et il y en a beaucoup ! Il a emprunté celui de ses grands-parents, celui de ses parents et ceux de ses amis. « Avec tout ça, je vais certainement me réveiller à temps ! », pense-t-il. Rassuré, il se met au lit et ne tarde pas à s'endormir.

Effectivement, le matin suivant il y a tellement de réveils qui sonnent que Marco doit se lever très vite. Il se lève d'un bond et arrête les réveils autour de son lit.
« Sept heures ! Cela a marché ! », s'écrie-t-il très fier. Il se lave, se brosse les dents et s'habille.

A sept heures et quart, il est assis à table devant son petit-déjeuner et il le déguste avec un grand plaisir. « Ha ha !, aujourd'hui, je vais être le premier ! », pense-t-il tout content.
Il n'oublie pas de prendre son goûter et se met ensuite en route pour l'école.

Aujourd'hui, il n'y a personne dans les rues et il ne voit pas non plus de vélos ou de voitures.
« Étrange ! Où sont donc les autres ? », s'étonne-t-il. « Je suis peut-être parti beaucoup trop tôt. Mais cela ne fait rien ! C'est toujours mieux que d'être en retard ! »

Marco arrive à l'école à huit heures moins dix précises. Il tourne la poignée de la porte, mais la porte ne s'ouvre pas. Il tape à la porte, mais personne ne lui ouvre. « Cela ne fait rien, je vais attendre. » Marco s'assoit sur le perron de l'école. Il reste seul pendant longtemps.

Enfin, il arrive quelques élèves. Mais ils ne portent pas de cartables sur leurs dos ! « Aujourd'hui, c'est samedi, nous n'avons pas école », se moquent-ils. Oh non, Marco a encore oublié ! « Pour une fois que je suis à l'heure, nous n'avons pas école ! » s'exclame-t-il, et il se met à rire avec les autres.

10 petits chats joueurs

DIX petits chats très joueurs
habitent ensemble la même
demeure.
L'un reste là,
à bayer
aux corneilles.
NEUF sont partis,
en dressant
l'oreille.

NEUF petits chats pas sages
sont ici, dans cette image.
L'un saute par la fenêtre,
quelle idée lui a traversé la tête ?

HUIT petits chats en goguette
sont à la recherche d'une cachette.
L'un découvre la souris,
et les SEPT autres ? Les voilà partis !

SEPT petits chats très gais
font les fous dans l'escalier.
L'un s'est embrouillé dans la pelote,
et voudrait la défaire avec ses quenottes.

SIX petits chats frondeurs
gambadent parmi les fleurs.
L'un d'eux a bien envie d'attendre
qu'une souris se laisse prendre !

CINQ petits chats turbulents
jouent au bord de l'étang.
« Regardez le poisson ! », s'écrie l'un d'eux.
« Il est pour moi, laissez-moi-le ! »

QUATRE petits chats malins
rôdent dans le jardin.
L'un voudrait croquer un oisillon du nid,
mais il doit filer, tout penaud, tout contrit.

TROIS petits chats curieux
s'ennuient à qui mieux mieux.
Mais l'un d'eux fait un saut,
et plonge sur les souriceaux.

DEUX petits chats rôdeurs eurent,
à cause d'un chien, une grosse frayeur.
L'un s'enfuit, l'autre souffla :
« Vilain gros chien, pars vite de là ! »

Un petit chat, queue dressée, s'avance,
puis il s'arrête, observe et pense :
« Nous voilà tous ensemble !
Et nous sommes dix, à ce qu'il semble ! »

Sur les sentiers de la découverte

Mais où va donc cette foule de petits chiots ?
Il y en a bien dix ! Ils sont tous très curieux et espiègles.
Lequel d'entre eux va vivre le plus d'aventures ?

Avec des aboiements retentissants, ils partent jusqu'à l'étang. « Où est Foxy ? », demande Zita, la petite chienne berger-allemand. » Tiens ! Le voici qui dort sous un arbre ! », lui répondent les autres. « Quel paresseux ! », bougonne Zita. Splash ! Voici Timon qui plonge dans la mare. L'eau éclabousse partout.

La cane, furieuse, s'enfuit en battant des ailes. Elle emmène avec elle ses petits. De même, les poissons et les grenouilles cherchent à se cacher. Est-ce que Timon sait nager ? Bien sûr, tous les chiens savent nager ! D'ailleurs, Timon se sent vraiment comme un poisson dans l'eau !

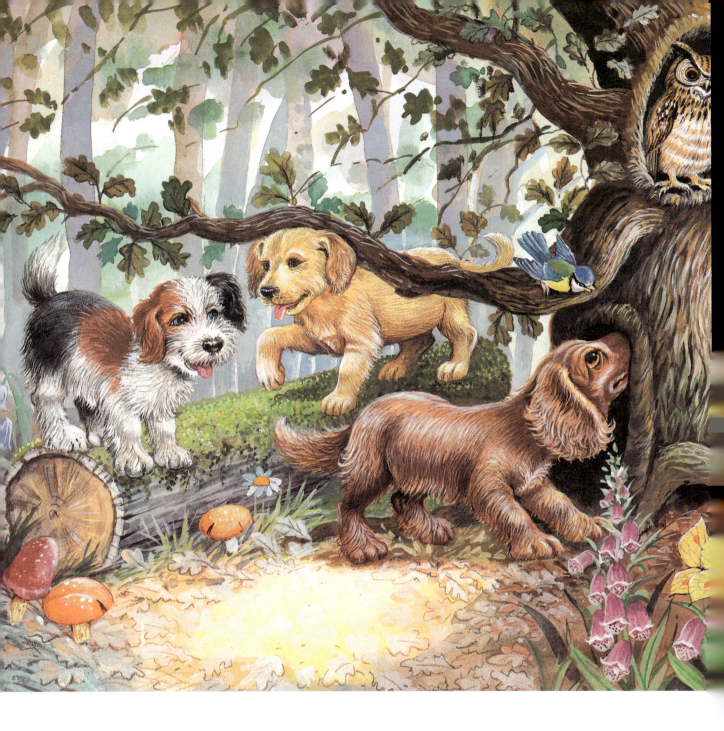

Les chiots sont dans le pré, mais ils partent droit devant eux et courent jusqu'à la forêt. « Houhou ! », hulule bien fort la chouette. Ce n'est pas franchement accueillant ! Pourtant, les chiots, curieux, jappent autour d'elle. Zita et Pipo, le petit chien saint-bernard, se chamaillent dans un coin.

Foxy, le petit fox terrier, est tout étonné devant une petite souris. Mais celle-ci – hop ! – disparaît dans l'herbe. Et qui s'approche avançant parmi les arbres ? Un cerf majestueux portant de grands bois sur sa tête. A cet instant, les chiots prennent peur et s'enfuient. Betsi se cache aussi vite qu'elle peut dans un trou d'arbre.

A la lisière de la forêt, les petits chiots s'amusent comme des petits fous, courant derrière les papillons.
Mais… Oui ! Il se passe quelque chose sous terre ! « Enfin, calmez-vous, j'entends quelque chose ! », aboie Zelda qui se met aussitôt à renifler l'herbe. « Ah ! toi, tu entends sûrement l'her-

be qui pousse ! », se moquent les autres. Mais Zelda ne se laisse pas impressionner. Voilà que Foxy se met lui aussi à renifler en se rapprochant d'elle. Il se passe vraiment quelque chose ! Une taupe sort très prudemment de son trou. Foxy s'étonne : « Mais d'où sors-tu ? »

En aboyant très fort, les petits chiens s'introduisent dans une ferme. Par chance pour eux, il n'y a personne à la maison ! Juste le chat dont les yeux lancent des éclairs.
Karo, le husky, se précipite vers un seau d'eau. Qu'est-ce qu'il avait soif ! Princesse joue avec Bozo au tir de corde : qui est le

plus fort des deux ? Choko sautille derrière un joli petit poussin jaune.

« Pip, pip ! », le pauvre petit poussinet a bien peur devant l'intrépide Choko. Mais où est Pipo que l'on n'entend plus ? Tiens ! le voilà qui ronfle dans la niche !

Voilà encore les chiots en vadrouille. Oreilles au vent, Zita fonce comme l'éclair vers le pâturage.
Les vaches en sont tout étonnées et le cheval n'en revient pas. D'où viennent donc ces cinq petits sauvages ? Ils appartiennent sûrement à la ferme !

Pipo découvre un lapin et se met immédiatement à sa poursuite. Le lapin s'enfuit d'un bond et Pipo court derrière lui en aboyant. Et comme toujours quand il poursuit un lapin, Pipo se prend les pattes en trébuchant dans l'herbe. « De cette façon, tu n'y arriveras jamais, Pipo ! »

Dans l'enclos des moutons il y a cette année énormément de petits agneaux. Mais où est donc le berger allemand ? On a beau chercher, impossible de le trouver ! « On ne peut laisser le troupeau tout seul », pense Zita. » Je vais m'en occuper. Après tout, ne suis-je pas un chien de berger ! »

Aussitôt dit, aussitôt fait. Zita rassemble les moutons et laisse ses trois amis à leurs jeux. Ceux-ci ont trouvé une nouvelle piste et ils la suivent en fendant l'air à travers la colline. Que cela est bon, de sentir quelque chose de nouveau ! Ils se sentent vraiment très excités !

La piste qu'ils reniflent les conduit sur un sentier vers la lisière de la forêt. Quelles gracieuses petites empreintes ! Elles ne peuvent pas appartenir aux chevaux ! Zelda veut savoir quel est l'animal qui laisse d'aussi jolies petites traces. Le museau collé au sol, elle les suit.

Et que trouve-t-elle ? Un troupeau de cerfs ! Ils sont sortis de la forêt afin de paître. Zelda s'assoit et les regarde d'un air étonné. Karo et Bozo, quant à eux, ont oublié depuis longtemps qu'ils suivaient une piste. Ils ont rencontré un écureuil et jouent maintenant avec lui.

Un peu plus tard, ils arrivent au ruisseau. Que c'est bon lorsqu'on est fatigué et tout transpirant de se rafraîchir par un bon bain ! Karo n'a plus du tout envie de sortir de l'eau. Il serre une grosse branche dans sa mâchoire et se laisse doucement emporter par le courant d'une petite cascade.

La cane est très étonnée. Jamais elle n'aurait cru que les chiens aiment autant l'eau ! « Sors donc de l'eau et vient jouer ! », appelle Bozo. Mais Karo ne l'entend pas. Il se tient toujours à la branche et tente de résister au courant qui l'entraîne. Comme ça éclabousse !

Bozo, qui continuait à jouer tout seul, commence à s'ennuyer, tout à coup ! Avec qui peut-il parler ? Qui peut-il taquiner ? Et à qui peut-il disputer un morceau de bois ? Bozo s'assoit et se met à japper bruyamment, ce qui signifie : « Où êtes-vous ? Ne me laissez pas tout seul ! »

Revenez vers moi ! Je m'ennuie ! » Il ne lui faut pas attendre bien longtemps pour voir ses amis arriver de toutes parts : Foxy et Karo, Betsi et Pipo, Choko et Zita, Zelda et Princesse, et bien sûr Timon. A présent, les revoilà ensemble qui se mettent à inventer un nouveau jeu.

Jojo, le petit canard

Jojo, le petit canard, sort de sa coquille, cligne des yeux et regarde autour de lui, inquiet. Il est un peu somnolent mais, à présent qu'il se réveille, il se demande : « Où est passée maman ? »

« Maman, est-ce que c'est toi ? », demande-t-il. Mais ce n'est qu'une alouette sur le nid de ses petits affamés. Sur une brindille, grimpe une petite musaraigne. « Mais... n'est-ce pas devant moi deux pattes rouges de canard ? » « Il ne peut s'agir que d'une maman canard ! »

« Cot cot cot ! », fait la poule, étonnée. « Que veux-tu de moi ? » Jojo s'effraie, ce n'est pas sa maman !
« Je… Euh… Je pensais que vous étiez ma maman ! » répond-il en s'éloignant bien vite de la poule.

« Youpi ! de l'eau ! », s'écrie-t-il. D'un bond, le voici dans un baquet d'eau dont il fait le tour à toute vitesse. « Eh ! », dit-il tout à coup, « Qui se cache ainsi dans l'herbe ? On dirait des plumes blanches comme celles de ma maman. C'est peut-être elle, et bien elle, cette fois ! »

Mais comme il s'en approche, Jojo est pris d'un fou rire. « Ha ha ha ! A-t-on jamais vu d'aussi grandes oreilles montées sur quatre pattes ! Ha ha ha ! » Le lapin regarde Jojo en faisant les gros yeux. « Eh bien ! De quoi ris-tu ? Les lapins ont toujours eu de grandes oreilles ! Et aussi quatre pattes ! »

Jojo, en étouffant son rire, dit : « Veuillez m'excuser ! Ce n'était pas méchant ! Mais je pensais que vous seriez ma maman ! Ha ha ha ! » Et splash !, le caneton saute dans l'étang. Là, de nouveau, il se retrouve entre deux grandes pattes rouges ! « Cette fois-ci, ce ne peut être que ma maman", pense-t-il tout content.

Erreur ! Les pattes rouges sont bien trop longues pour être celles d'une maman canard. Elles appartiennent à une cigogne et Jojo est pris de terreur lorsqu'il voit son grand bec. De toute la vitesse que lui permettent ses petites pattes palmées, il s'enfuit. « Tiens ! On aperçoit quelque chose de blanc, là-bas ! »

« Cette fois-ci, je suis sûr qu'il s'agit de maman ! » se réjouit Jojo. « Elle plonge toujours ainsi quand elle cherche de la nourriture. » Aussitôt le caneton prend son élan et plonge tout entier dans l'eau.

Mais encore une fois, ce n'est pas non plus sa maman. L'oie plonge en même temps que lui. « Je regrette, petit ! Je ne suis pas ta maman ! », lui dit-elle en souriant. « Mais peut-être trouveras-tu ta famille en nageant jusqu'à la cabane aux canards, au milieu de la mare ! »

Le caneton suit ces conseils et… découvre sa vraie maman.
« Jojo ! », dit-elle, « mon cher petit, je suis là ! »
« Maman, maman ! », s'écrie le petit caneton. Et il se met à palmer de toutes ses forces, et le plus vite qu'il peut. Peux-tu imaginer tout ce qu'il a pu lui raconter ensuite ?

Celle-ci est l'histoire d'un petit oiseau de la famille des étourneaux.

Comme tous les oiseaux, notre étourneau voulut un jour apprendre à voler. Il se percha sur le bord de son nid, blotti tout en haut d'un vieux chêne. Soudain, il y eut un grand coup de vent, et le petit oiseau fut arraché et jeté sur le sol où il se cassa une aile. « Et maintenant, qu'est-ce que je dois faire ? », se lamentait-il. » Avec une aile cassée, je ne peux plus voler ! »
Un vieil étourneau lui répondit : « Tu ne peux plus monter dans l'arbre, mais là, sous le chêne, il y a un terrier qu'un lapin habitait et qui est maintenant vide. Tu peux t'y réfugier et y vivre. »
L'étourneau trouva le terrier et y vécut tout l'été. Parfois, il se sentait bien seul. Pourtant, les autres étourneaux ne manquaient pas de lui apporter des graines et des fruits afin que rien ne lui manque.
Finalement, il se mit à faire plus froid et la nourriture vint à manquer. Les étourneaux se rassemblèrent par centaines, ressemblant à un nuage, afin de s'envoler vers le sud. Seulement, notre petit étourneau ne pouvait pas voler avec les autres à cause de son aile cassée. Ses amis lui promirent de revenir au début du printemps, et ils s'envolèrent tel un gros essaim.
Il ne restait plus au petit oiseau qu'à prendre ses quartiers d'hiver.
Maintenant, les enfants, vous allez pouvoir suivre les aventures du petit étourneau, le suivre et l'aider à trouver la bonne voie (suite en page 80).

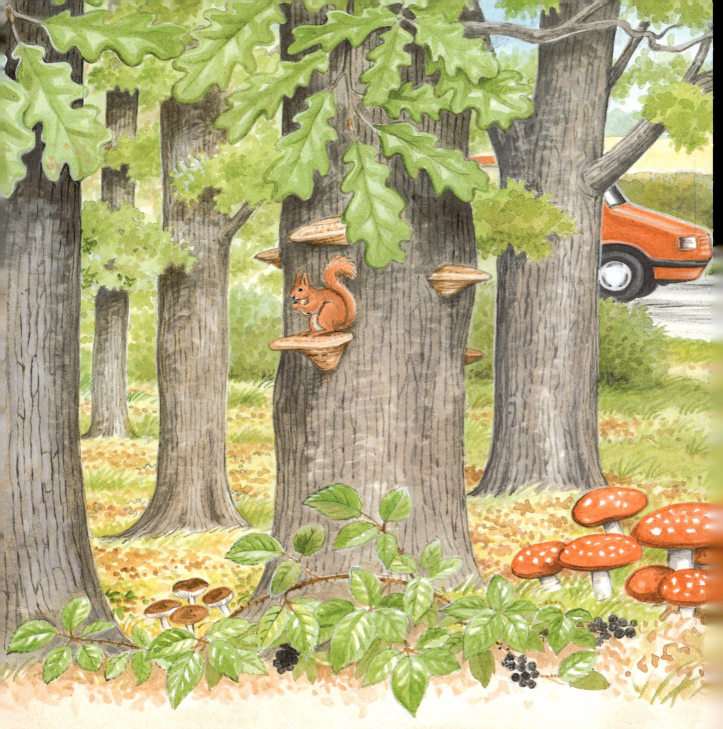

Quand tous les étourneaux furent partis, le petit oiseau quitta le terrier du lapin, car il ne pouvait plus y rester. Il se promena un certain temps dans la forêt automnale, jusqu'à arriver au bord d'une grande route. Et là, qu'est-ce qu'il découvrit ? Des autos qui passaient et repassaient devant lui. Sur le bas-côté de la route, il vit un hérisson qui rassemblait des feuilles afin de construire un nid pour passer l'hiver. « Dis-moi, hérisson, comment puis-je faire pour traverser cette route ?, demanda le petit oiseau.
« Oh ! C'est très dangereux. Tu dois être rapide et attendre le bon moment, sinon tu te feras écraser par une auto «, lui répondit le hérisson.

« Mais tu es un oiseau, pourquoi ne voles-tu pas au-dessus ? »
Le petit oiseau voulait bien répondre à cette question, mais le hérisson ne semblait pas ressentir de réel intérêt pour lui, tant il était affairé à rassembler les feuilles. Alors, il le laissa à son travail et réfléchit s'il devait ou non traverser cette route dangereuse.
Est-ce que le petit étourneau doit plutôt retourner dans la forêt ?
(Suite page 82)
Ou bien doit-il chercher à traverser la route ?
(suite page 84)

Après un long moment de réflexion, il décida de poursuivre son chemin dans la forêt. Au loin, il entendait clapoter un ruisseau. Il voulut s'y rendre.

Soudain, sur son chemin surgit brusquement une souris et ils se heurtèrent. Tous les deux furent un instant étourdis par le choc, puis la souris lui demanda : » Qui es-tu ? »

« Je suis un oiseau, cela se voit, non ? ! » La souris était bien étonnée : » Pourquoi ne voles-tu pas, alors, au lieu de bloquer le chemin ? » Le petit oiseau dut lui raconter pourquoi il ne pouvait pas voler. La souris éclata de rire et parla très fort afin que tous les animaux alentour puissent entendre : « Tu dis être un oiseau ? Ha ha ha ! Tu ne peux pas être un véritable oiseau, car les oiseaux peuvent voler !" Et elle passa son chemin.

« Bien sûr que je suis un oiseau ! », lui cria-t-il pendant qu'elle disparaissait.

Et parce qu'il était triste et en colère, il cria encore plus fort : » Et d'abord, qu'est-ce qu'une souris sait d'un oiseau ? » Mais la souris était déjà loin, et elle ne pouvait plus l'entendre.
Cependant, un autre animal de la forêt lui répondit : » Une souris ne sait rien sur les oiseaux ! »
Le petit oiseau resta immobile et écouta. A qui donc appartient cette mystérieuse voix ?
Est-ce que le petit étourneau doit chercher à qui appartient cette voix ?
(Suite page 86)
Ou bien doit-il poursuivre son chemin dans la forêt à la recherche du petit ruisseau qui clapote ?
(Suite page 88)

Le petit oiseau regarda de chaque côté. Doucement, il posa une patte sur la chaussée. À nouveau, une voiture passa comme un éclair. Il eut un mouvement de recul et retira sa patte aussi vite que possible. Ensuite, il essaya de nouveau. Il prit une grande bouffée d'air et réussit à atteindre le milieu de la chaussée avant qu'une autre voiture n'arrive.
Là, il put seulement souffler un peu. Des deux côtés, les voitures filaient tout près de lui.
Quand il entrevit sa deuxième chance de pouvoir traverser l'autre moitié de la route, il prit son courage à deux mains et sautilla aussi vite qu'il le put jusqu'à atteindre l'autre côté de la chaussée. Quand il sentit l'herbe arriver sous ses pattes, il fut content de s'en être sorti vivant. Il prit la résolution de ne plus jamais traverser une route.

Quand le petit oiseau fut remis de sa peur, il regarda autour de lui.
A la lisière de la forêt, il y avait un champ. Là, des perdrix cherchaient leur nourriture.
Plus loin, il pouvait voir une vieille grange à moitié détruite. Quel chemin devait-il prendre ?

Est-ce que le petit étourneau doit aller jusqu'à la grange ?
(Suite page 90)
Ou bien,
Doit-il demander son chemin aux perdrix ?
(Suite page 92)

Curieux, il se mit à la recherche du mystérieux animal.
« Ici ! », lui répondit à nouveau la même voix. « Ici, là-haut, sur l'arbre ! »
Le petit oiseau leva la tête et vit sur le tronc de l'arbre comme une sorte d'escalier fait de branches taillées par où il pouvait monter.
Tout en haut, il vit un vieux pivert dans un trou. Le petit oiseau le salua et lui raconta son histoire avec la souris. Après qu'il l'eut entendu, le pivert dit : « Les souris regardent vers le ciel et voient, au-dessus de leur tête, les oiseaux voler. Et c'est tout ce qu'elles savent au sujet des oiseaux. »
Le petit oiseau comprit : la souris savait seulement que les oiseaux peuvent voler. Un oiseau qui sautille sur un chemin forestier, ce n'était pas pour elle un véritable oiseau. A présent, il avait un peu pitié de cette souris idiote parce qu'elle ne savait rien des oiseaux.
« Et maintenant, dit le pivert, s'il te reste encore un peu de temps à me consacrer, raconte-moi pourquoi tu marches sur tes pattes au lieu de voler avec tes ailes… »
Est-ce que le petit étourneau doit raconter son histoire au pivert ?
(Suite page 94)
Ou bien,
Doit-il retourner dans la forêt à la recherche de son ruisseau ?
(Suite page 96)

« Tout d'abord, je vais aller jusqu'au ruisseau », se dit le petit étourneau.
Arrivé là, il vit de nombreux canards qui s'employaient à faire des figures dans le ciel. Ou plutôt, cherchaient-ils à en faire, car la plupart des canards atterrissaient sur le nez. C'était si amusant qu'il ne put s'empêcher de rire tout haut. Seulement, cela attira l'attention des canards. Ceux-ci se mirent en cercle autour de lui.
Un des canards lui demanda avec hostilité : » Peux-tu voler ? » Non », répondit le petit oiseau à mi-voix. « Peux-tu nager ? » « Non », répondit-il de même.
« Peux-tu cancaner ? » A nouveau, il ne put répondre que non.
« Qu'est-ce que tu as contre les canards ? » Honteux, le petit oiseau répondit : » Je cherche

seulement un abri pour l'hiver. » Les canards s'esclaffèrent puis se mirent franchement à rire sans pouvoir s'arrêter. A la fin, un canard dit : « Si tu ne peux ni voler, ni nager, ni cancaner, nous n'avons pas besoin de toi, et le mieux que tu puisses faire est de continuer ton chemin. »
Le petit étourneau les regarda, déçu. Vers où devait-il donc aller ?
Est-ce que le petit étourneau doit traverser le ruisseau ?
(Suite page 98)
Ou bien,
Doit-il continuer son chemin le long du ruisseau ?
(Suite page 100)

Le petit étourneau réfléchit
aux trésors qu'il pourrait bien
trouver dans la vieille grange
et décida de partir droit devant lui. Puis il se passa quelque chose : perdu dans ses pensées,
il ne vit pas une grosse flaque et tomba dedans tête la première. Tout mouillé, il se retrouva
dans l'eau, les pattes en l'air, et entendit de bruyants éclats de rire.
Une famille de lapins avait été témoin de son bain involontaire. Le petit oiseau ne put que
rire lui aussi, car c'était trop drôle, la façon dont il était arrivé dans la flaque.
Il envoya un peu d'eau sur les lapins. Un petit lapin ne réfléchit pas plus longtemps et schvoupp !
– il se retrouva assis près de lui. Puis tous les autres l'imitèrent et vinrent le rejoindre dans la
flaque. Ils s'éclaboussèrent en riant jusqu'à ce que le rire leur fit mal au ventre.

Soudain, le lapin de garde sentit un danger. Il tapa vivement avec sa patte sur le sol, et tous disparurent comme le vent. Voilà le petit étourneau qui se retrouve tout seul, assis dans la flaque à regarder d'un air pensif autour de lui. Aucun animal carnassier ne se trouvait en vue. Est-ce que les petits lapins avaient seulement rêvé ?
Est-ce que le petit étourneau doit attendre assis dans la mare jusqu'à ce que les lapins reviennent ?
(Suite page 102)
Ou bien doit-il fuir et chercher refuge dans la grange ?
(suite page 104)

« Les perdrix sont des oiseaux intelligents et peut-être pourront-elles m'indiquer un bon endroit pour passer l'hiver », pensa le petit étourneau.
Les perdrix étaient tellement affairées à chercher les dernières graines dans le pré qu'elles n'avaient pas entendu la buse arriver dans le ciel. Celle-ci se dirigeait tout droit sur une perdrix qui se trouvait à l'écart. Le petit oiseau aperçut la buse et cria le plus fort qu'il put. Aussitôt, les perdrix se précipitèrent à l'abri d'un buisson épais qui se trouvait à proximité. L'étourneau lui aussi courut le plus vite possible vers un coin sûr.
La buse repartit bredouille après avoir plané un moment au-dessus d'eux.
Les perdrix purent alors quitter leur abri et elles remercièrent le petit oiseau. Il avait sauvé la vie à l'une d'entre elles. « Reste avec nous », dirent-elles, « nous prendrons bien soin de toi et tu pourras nous avertir de l'arrivée de la buse ».

Le petit oiseau se réjouit de l'offre des perdrix. Puis il découvrit en lisière du pré un arbre fruitier. Des oiseaux s'y étaient installés, qui ressemblaient à des étourneaux. Ils formaient sans doute une grande famille.

Est-ce que le petit étourneau doit accepter l'offre des perdrix et passer l'hiver avec elles ?
(Suite page 106)
Ou bien,
Doit-il partir en direction de l'arbre fruitier, afin de chercher de quel oiseau il s'agit ?
(Suite page 108)

Le petit oiseau raconta donc son histoire au pivert.
Il lui raconta tout depuis sa chute du nid, lui décrivant comment il avait vécu dans la demeure inhabitée d'une famille de lapins, et comment il avait été nourri par les autres étourneaux jusqu'à ce que l'automne arrive et qu'ils soient obligés de partir vers le sud.
Le pivert écouta son histoire et lui dit lorsqu'il eut fini : « Peut-être puis-je t'aider à passer l'hiver. Si tu veux, tu peux rester dans ce trou d'arbre. Il y a ici assez de pignons de pin pour nous deux. Et puis nous pourrons nous raconter des histoires afin de faire passer l'hiver plus vite. »
Le petit étourneau voulait bien rester aux côtés du vieux pivert. Il était bien content de sa proposition puisqu'il n'avait plus besoin de se faire du souci pour l'hiver. Et ils furent très heureux ensemble jusqu'au retour du printemps et de ses amis étourneaux revenant du sud.

FIN

Le petit étourneau dit au revoir au pivert et continua son chemin jusqu'au ruisseau. Soudain, il fit la rencontre d'un cerf portant des bois majestueux, et, anxieux, se tint immobile. « Qu'est-ce qu'une aussi grosse bête peut bien avoir en tête ? », se disait-il. Sans un mot, le cerf s'approcha de lui, le prit doucement dans sa gueule et, le tenant fermement, s'enfonça de nouveau dans la forêt. Parvenus devant une cabane à fourrage, le cerf l'y déposa. Un chevreuil se tenait juste à côté. « S'il te plaît, aide-moi ! », supplia le petit oiseau ; « Le cerf veut me manger ! ». Le chevreuil lui répondit : « Tu as raconté à la souris que tu ne pouvais pas voler. Le cerf t'a entendu et il veut juste t'inviter à passer l'hiver chez nous. Nous avons une cabane à fourrage où tu pourras trouver un coin bien chaud et le garde forestier fait très attention à ce que nous ayons toujours à manger. »

« Mais le cerf m'a fait peur ! Pourquoi ne m'a-t-il pas tout expliqué comme toi ? » – « Parce qu'il ne peut pas parler ; il est muet », répondit le chevreuil. Puis il reprit : « Alors, voudras-tu rester parmi nous ? » Le petit étourneau pensa au foin tout chaud dans la cabane à fourrage et dit : « Oui, je veux bien. » Le cerf hocha la tête, ravi.

FIN

« Partons vite d'ici ! », se dit le petit étourneau, et il bondit sur une pierre qui émergeait du ruisseau. Les canards riaient toujours et n'avaient pas remarqué que l'un d'entre eux s'était glissé sous un roncier, afin qu'ils ne puissent le voir.
« Les autres ont été très durs avec toi », souffla le canard au petit oiseau ;
« Je vais t'aider. »
Le petit oiseau regarda le canard, incrédule. « Tu veux vraiment m'aider ? », lui demanda-t-il.
« Oui ! Viens avec moi, je connais une petite caverne dans le coin. Tu pourras y rester autant que tu voudras. Mais je ne pourrai pas y rester, car moi, je dois toujours aller ailleurs. »
Quand ils atteignirent la caverne, il sembla au petit oiseau que le canard avait raison. Là, il pourrait passer l'hiver. Et puis tout près, au pied d'un arbuste, il y avait de nombreux fruits séchés qu'il pourrait manger. Il commença d'ailleurs tout de suite à les déguster. Ensuite, il rassembla quelques feuilles sèches afin de préparer un petit coin confortable et chaud.

FIN

Prudemment, le petit étourneau continua son chemin le long de la berge. Soudain, il entendit un léger gloussement. Apeuré, il se tint aux aguets sous un arbuste. Non loin de là, se trouvait une oie. Elle buvait dans le ruisseau et ne le remarqua pas tout d'abord. Puis elle entendit un léger bruit et le vit : « Tiens ! Qui es-tu ? »

« Tu le vois bien », dit le petit oiseau, » une étoile ! Et toi, qui es-tu ? » L'oie lui répondit aimablement : « Je suis une oie sauvage. Et parce que j'avais très soif, j'ai fait une pause ici. Maintenant, je vais continuer car je dois rejoindre mes compagnes. »

"Où vas-tu avec tes compagnes ?", voulut savoir l'étourneau, qui reprit : « Vers le sud,

bien sûr, pour passer l'hiver. » Alors, le petit oiseau se mit à pleurer et il raconta à l'oie son histoire. Quand il eut fini, l'oie lui dit : « Tu peux être content de m'avoir rencontrée, car je sais où les étourneaux vont passer l'hiver. Si tu montes sur mon dos, je m'envolerai avec toi et t'amènerai jusqu'à eux. Et au printemps, je te ramènerai ici. » Le petit oiseau avait du mal à croire à tant de chance. « Bien sûr que je veux voler avec toi ! », s'écria-t-il tout heureux de pouvoir, bientôt, rejoindre ses semblables.

FIN

Le petit oiseau resta encore un moment dans la flaque à attendre. Et quand les lapins furent convaincus qu'il n'y avait pas de danger, ils apparurent à nouveau. Ils invitèrent l'étourneau à les suivre dans leur tanière où ils se glissèrent joyeusement les uns après les autres. L'un d'entre eux resta à l'écart, dans un coin. « Bonjour, qui es-tu ? », lui demanda le petit oiseau. « Je suis un lapin aveugle. C'est pourquoi je dois rester à proximité de la sortie. Aller plus loin serait beaucoup trop dangereux pour moi. Et toi, qui es-tu ? »
« Je suis un oiseau qui ne peut pas voler, et qui est à la recherche d'un abri pour l'hiver. »

Le lapin était heureux de la rencontre. « Reste donc parmi nous ! Tu pourras me tenir compagnie quand les autres partent à la recherche de nourriture. Et de plus, tu pourras reconnaître les dangers que je ne peux pas voir. » Le petit oiseau ne réfléchit pas longtemps : « Oui, nous irons dehors ensemble nous promener, et si un danger surgit, je te conduirai à une place sûre ». Et c'est ainsi que se finit l'histoire du petit étourneau, tout comme elle avait commencé, dans un terrier de lapin ! Que cette fois-ci, il ne quittera plus.

FIN

« Peut-être y a-t-il vraiment un danger dans les alentours », pensa le petit étourneau, et il courut jusqu'à la vieille grange. Par un grand trou, il pouvait regarder à l'intérieur. Il y vit un vieux tracteur ainsi qu'un tas de foin et, partout, des graines répandues sur le sol. Alors qu'il se tenait là à regarder, un lièvre passa à côté de lui à toute allure, s'engouffra dans le trou et disparut dans la grange. Le petit oiseau était tout déconcerté et ne savait pas ce qu'il devait penser d'un tel lièvre.

Le lièvre apparut à nouveau l'instant d'après et s'excusa pour son comportement saugrenu. Très fier, il expliqua : « Les chasseurs étaient derrière moi, mais je suis plus

rapide qu'eux. Leurs chiens ont perdu ma trace. »
Puis il laissa le petit étourneau pénétrer dans la grange. Jamais il n'aurait imaginé cela :
c'était la place idéale pour passer l'hiver. Il sautilla et pirouetta de plaisir. Le lièvre
s'étonna d'une telle manifestation de joie, alors le petit oiseau lui raconta la raison de son
contentement. Ils purent ainsi se réjouir ensemble. Le lapin parce qu'il avait semé les
chasseurs et le petit étourneau parce qu'il avait enfin trouvé un bon abri pour passer
l'hiver.

FIN

Plus d'autres aventures, décida le petit oiseau, et il accepta l'offre.
Les perdrix en furent vraiment heureuses.
Une perdrix dit soudain : « Quand nous serons à la recherche de nourriture, tu nous préviendras immédiatement de l'apparition de la buse et comme cela, rien ne pourra nous arriver. »
« Lorsqu'il neige, nous nous regroupons toujours toutes ensemble afin de ne pas avoir froid. » « Si tu veux, tu pourras te glisser au milieu de nous », lui promit une autre.

Toutes les perdrix s'étaient mises à parler en même temps.
Lorsque le petit oiseau put enfin accéder à la parole, il raconta pourquoi il ne pouvait pas voler, et ce qu'il avait vécu jusqu'à présent.
Les animaux se turent en l'écoutant. Et quand il eut fini, une des perdrix lui dit : « Tu ne peux certes pas voler, mais tu peux sauver des vies ! »
Et à ces mots, le petit étourneau ne se tint plus de fierté et de joie.

FIN

Le petit étourneau dit au revoir aux perdrix, car son objectif était maintenant un arbre fruitier. Quand il fut à proximité, il ne vit plus d'étourneaux, mais de nombreux gros oiseaux perchés dans les arbres. C'était des corbeaux. Un petit corbeau vint à lui : « Salut ! », croassa-t-il, « As-tu toi aussi une aile cassée ? »
« Oui ! », dit le petit oiseau, étonné. « Toi aussi ? » Le corbeau raconta qu'il était venu accompagné de ses amis depuis l'ouest, afin de pouvoir passer l'hiver dans ce pré. Il y avait eu un grand coup de vent, il était tombé et s'était cassé une aile.
Maintenant, il vivait dans un endroit abrité qui le protégeait du froid et du vent. « Quand

les autres corbeaux partiront vers l'est, au printemps, je serai ici tout seul, car je ne peux pas voler », finit-il par dire.
Tous deux eurent en même temps la même idée : ils seraient amis. Et voici leur plan : en hiver, ils partageraient le même abri et les corbeaux viendraient les aider à rechercher de la nourriture ; et au printemps, ils iraient s'installer dans le terrier abandonné par les lapins et resteraient parmi les étourneaux. A ce jour, jamais encore ils n'ont manqué de rien, et jamais ils ne se sont sentis seuls.

FIN

Le petit peureux

Froust, le petit lapin, n'était pas très courageux. Souvent, il avait peur. Et voilà qu'un jour, les enfants animaux de la forêt jouèrent à cache-cache. « Viens avec nous au ruisseau ! », lui dit Pips, son frère.

Tous sautèrent par-dessus le ruisseau, même la petite chatte qui – cela est bien connu – n'aime pas l'eau. Seul Froust traversa par le pont. Le détour le retardait, mais il ne pouvait se résoudre à faire autrement.
« Si seulement je n'avais pas si peur ! », pensa Froust.

« Il faut que je m'en donne la peine, il faut que je prenne courage », décida Froust. Au jeu de cache-cache il fut le premier à chercher. Il compta « Un, deux, trois... », et les petits animaux partirent dans toutes les directions. Froust les retrouva très vite. Tous, sauf le hérisson. Où donc pouvait-il s'être caché ?

Froust chercha derrière chaque buisson. Ensuite, il s'enfonça plus profondément dans la forêt. Soudain, quelque chose remua derrière lui. Froust se retourna, paniqué : « Il y a quelque chose de vert avec de grands bras derrière moi, et ça bouge ! » Froust s'enfuit aussi vite que ses pattes le lui permirent.

Arrivé à la maison, il voulut se réconforter en mangeant quelques carottes du jardin. Il était juste en train de tirer son troisième bulbe quand il entendit une petite souris insolente lui dire : « Laisse-m'en un peu, sinon je te mordrai ! » Froust eut très peur. « Il a même peur de nous ! » ricanaient les souris.

Ce soir là, les parents devaient sortir. « Après cette émission, vous irez tout de suite au lit, n'est-ce pas ? », dit la mère. « Froust, n'aie peur de rien mais fais bien attention à toi ! »
« Bonne nuit ! », répondirent Froust et Pips. Froust serra bien fort sa peluche contre lui. « Je n'aurai pas peur ! »

Pips s'endormit aussitôt, mais Froust resta allongé, les yeux grand ouverts. Il caressait sa peluche. Soudain, il entendit quelque chose. Il dressa les oreilles : quelque chose semblait cliqueter contre la fenêtre. Et tout à coup, il reconnut bien clairement des bruits. Froust eut beau bousculer Pips, celui-ci ne se réveilla pas.

Froust se glissa dans le couloir et se cacha dans un coin : c'était des cambrioleurs qui s'étaient introduits dans la salle à manger ! « Ils sont en train de tout dévorer ! Il faut que je leur fasse peur ! », pensa Froust. Vite, il prit un sac en papier, souffla dedans et frappa bien fort.

Le sac éclata. Cela fit « bang ! », comme un pistolet. Les cambrioleurs eurent une peur bleue et s'enfuirent en laissant tout sur place. Pips, réveillé par le bruit se leva. « Youpi ! J'ai fait fuir les cambrioleurs ! », s'écria Froust. « Tu as eu énormément de courage ! », lui dit Pips. Froust était tout joyeux et terriblement fier

de lui. Et quand les parents revinrent, il leur raconta son aventure. « Si tu es arrivé à faire partir des cambrioleurs, c'est que tu n'auras plus jamais peur ! », jubilait Pips. Et il enchaîna : « La prochaine fois, tu pourras sauter au-dessus du petit ruisseau sans aucune hésitation ! »

Orphée, le petit chat

Le petit chaton vient à peine de se réveiller. Il se lève doucement, sort ses pattes de la corbeille en s'étirant souplement et se met à bâiller.

« Ha ! Que cela fait du bien ! », ronronne-t-il. « Qu'est-ce que je vais faire, à présent ? »
Jouer à la balle, Orphée n'en a pas encore envie. Il s'en va doucement sur la pointe de ses coussinets à travers la maison. « Il y a certainement quelqu'un par ici qui me ferait des câlins ? »

Orphée ne trouve pas sa jeune maîtresse. Mais elle a certainement laissé un petit-déjeuner pour lui dans la cuisine. Quelque chose qu'aiment tout particulièrement les chats ? Mumm, oui, dans la petite soucoupe il y a du lait qui l'attend. Orphée lape le lait avec sa petite langue rose. Ensuite, il se sent en pleine

forme et rassasié. Y a-t-il quelque part une porte ouverte ? Orphée a de la chance. Le voilà déjà qui descend dans le jardin. Et n'est-ce pas un papillon jaune qui lui passe devant le nez ? Orphée saute, essaye de l'attraper... Raté ! Heureusement, personne ne l'a vu.

Orphée regarde autour de lui. Quelle chance ! Il y a deux pigeons, et aussi un escargot qui grimpe lentement le long d'une feuille.
Attention ! Il ne faut pas aller trop vite dans l'herbe, à côté de l'arrosoir. Orphée se glisse silencieusement.

Une souris ! Orphée se redresse, saute sur ses quatre pattes, et d'un seul bond, le voilà qui s'élance et qui attrape la souris par la queue ! Mais au même instant, un « ouaf ! ouaf ! » retentit derrière Orphée. Il se retourne et sursaute tandis que la souris en profite pour s'enfuir et se cacher sous un tas de bois.

Flocki, le chien du voisin, arrive en courant. « Ouaf ! Ouaf ! », joue donc avec moi ! », aboie-t-il. Orphée a quand même peur et grimpe vite sur un poteau. Il fait le gros dos et miaule. « Miaou ! » « Laisse-moi donc tranquille ! »
Par chance, Flocki ne sait pas grimper.

Tout d'un coup, il se met à pleuvoir et Flocki s'enfuit. Alors, Orphée retourne à la maison en courant. Mais, oh malheur ! La porte de la terrasse est maintenant fermée. Orphée essuie avec sa patte les gouttes d'eau qui ruissellent sur son poil et supplie : « Laisse-moi entrer, je veux être au sec ! »

Orphée doit attendre longtemps sous la pluie avant que sa jeune maîtresse ne le remarque.
Mais il finit par entendre la porte de la terrasse s'ouvrir et une voix l'appeler : « Rentre, Orphée ! » Puis sa maîtresse prend une serviette de toilette et l'essuie consciencieusement.

Plus tard, Orphée est allongé à sa place préférée, dans son panier douillet, et il ronronne de bien-être.
Il ne faut pas attendre bien longtemps avant que le chat s'endorme. Après toutes ces aventures qu'il a vécues aujourd'hui ! Te les rappelles-tu ? Alors, à toi de raconter !

Le petit canard

Dans la petite mare tout en haut de la colline, il y a des canards. Mais il y a encore bien d'autres animaux ! Le petit canard les connaît tous. « Bonjour ! », lui dit le rat musqué. Celui-ci semble

encore tout endormi en sortant de son terrier.
La loutre, quant à elle, semble bien réveillée, prête pour partir à la pêche. La fauvette a déjà trouvé de la nourriture pour ses petits. Hop là ! Une reinette saute derrière un moustique. Va-t-elle l'attraper ?

Quand la cane a faim, elle va chercher sa nourriture au fond de l'étang.
Le petit canard la suit aussitôt. Hou ! Quelle peur ! Qu'est-ce que c'est que cet animal marron ? Jamais le caneton n'en a vu de pareil ! Pas de panique, ce n'est qu'un triton !

Le caneton n'a plus peur. « Ooh ! », s'écrie-t-il.
« Je connaissais déjà les scarabées dorés, les libellules, les escargots d'eau, les carpes, les grenouilles… et maintenant, je connais aussi les tritons ! »

Sur le rivage, là où les branches des saules tombent dans l'eau, une maman cygne s'est réfugiée avec ses petits. Regarde où dort le petit cygne, profondément.

« Pourquoi n'es-tu pas aussi blanc que ta maman ? », demande le petit canard, curieux. Le petit cygne répond : « Tu n'es pas

blanc non plus, au départ, mais jaune. Et de la même manière, nous sommes bruns. Nous ne deviendrons blancs que lorsque nous serons adultes. » Vois-tu le martin-pêcheur sur sa branche ? Il est à la recherche de petits poissons. N'est-il pas magnifiquement coloré ?

Qui fait donc autant de bruit dans les roseaux ? C'est Pipo, le chien du pêcheur, qui attrape les morceaux de bois qu'on lui lance !
Le petit canard se cache prudemment dans les roseaux. Là, il rencontre une salamandre rouge et une grenouille.

Tous sont en colère contre Pipo. L'hirondelle râle et la poule d'eau part en palmant vigoureusement. Heureusement, Pipo disparaît rapidement. « Tu es aussi jaune que les iris d'eau », dit la salamandre rouge au petit canard. Il est très content de la comparaison.

Comme Pipo ne les laisse pas tranquilles et qu'il retourne sans cesse chercher ses bâtons dans l'eau, le petit canard part vers le champ de blé. Là, il rencontre le lapin. « Est-ce que je peux te présenter mes amis ? », lui demande ce dernier. « Voici la taupe, le hérisson, le lézard et la musaraigne.

Puis voici le gros bourdon, la coccinelle et aussi le petit renard. »
Le petit canard s'étonne : « Un petit renard ? » Là, le lapin rit de bon cœur : « Ce n'est qu'un papillon avec des ailes rouge et marron ! « Soudain, le petit canard demande : « Comment vais-je retourner chez moi ? Je me suis perdu. ! »

Par chance, le lapin connaît bien le coin. Il le raccompagne jusqu'à sa maman.
Celle-ci fait osciller ses longues pattes dans l'eau. Le petit canard demande un câlin à sa maman puis commence à tout lui raconter, toutes ses aventures de la journée.

Table des matières

Le petit lapin..6
La petite marmotte 17
10 petits chats joueurs..29
Sur les sentiers de la découverte 49
Jojo, le petit canard 68
Vers où iras-tu, petit oiseau ? 78
Le petit peureux 110
Orphée, le petit chat 120
Le petit canard..130